'IN A WORLD A WIR ANE':
A Shetland Herring Girl's Story

'IN A WORLD A WIR ANE':
A Shetland Herring Girl's Story

Susan Telford

Published by
The Shetland Times Ltd.
1998

'In A World A Wir Ane': A Shetland Herring Girl's Story

Copyright © Susan Telford 1998.

ISBN 1 898852 44 8

First published by The Shetland Times Ltd, 1998.
Reprinted, 1999.

Cover design by The Stafford Partnership, Shetland.
Front cover photograph by C. J. Williamson, Scalloway, Shetland. © W. Smith

All rights reserved.
No part of this publication may be reproduced, stored in a retrieval system, or transmitted, in any form, or by any means, electronic, mechanical, photocopying, recording or otherwise, without the prior written permission of the publishers.

British Library Cataloguing-in-Publication Data
A catalogue record for this book is available from the British Library.

Printed and published by
The Shetland Times Ltd.,
Prince Alfred Street,
Lerwick, Shetland ZE1 0EP, UK.

'The industry of Shetland women is remarkable'

Eric Linklater, *Orkney & Shetland*

CONTENTS

List of Illustrations viii

Foreword ix

Preface xi

Introduction 1

Childhood 9

Working Life 20

Glossary 33

Bibliography 34

Illustrations

1.	Clementina Leask.
2.	Betty, Jimmy and Christina Leask.
3.	Christina Leask and Mary Ellen Gatt.
4.	Laundry Staff at the Naval Hospital.
5.	North end of Lerwick from Staney Hill.
6.	A North Ness herring station, Lerwick.
7.	Herring workers, Scalloway.
8.	A Davidson & Co. station.
9.	Four Scotch gutters wearing oilskins.
10.	Herring gutters, Lerwick.
11. to 14.	J. & M. Shearer's curing yard.
15.	A Shetland herring worker.
16.	Women salting herring in Lerwick.
17.	Industrious fisher girls at Lerwick.
18.	Scottish Drifters hurrying into Yarmouth.
19.	Betty Leask.
20.	Christina Leask.
21.	Yarmouth Bloomfields Yard.
22. & 23.	Scots fishergirls at Yarmouth.

Map

Map of Great Britain showing main herring ports and origins of the herring girls . . . . Page 4

FOREWORD

This is a very interesting book written in two parts. The first section is a well documented history of the herring fishing as it was from the curing side. The second part is the very clear description of the life of a herring gutter and has been related by Mrs Christina Jackman (neé Leask) to her granddaughter, Mrs Susan Telford, the author.

Mrs Jackman was born in Fleet Street (now North Lochside), Lerwick, beyond the Burgh boundaries at that time. She tells of her early family life and her occupation as a herring gutter and gives a very accurate description of how they lived and worked in that part of Lerwick between the wars. The reader will appreciate the vast difference between living standards then, and our modern way of living. Mrs Jackman followed the herring fishing down the coast, eventually settling down and marrying in the Yarmouth area.

It is written in the 'Lerwick' dialect which I remember well, and I am sure that this will be of great interest to my generation who grew up in Lerwick between the wars and also the younger generations to whom this is history.

Magnus M. Shearer,
former managing director of
J. & M. Shearer Ltd., herring curers,
Lerwick.
1998.

PREFACE

This is the story of my grandmother's childhood and working life as a herring girl recorded over several months then transcribed and edited into this book.

A Lerwick 'lass', born and bred, she married my grandfather Ernest Jackman, a Yarmouth man, in 1948, subsequently living as an exile in Norfolk. She has returned to Shetland only once for a visit in the 1950s.

This book does not reveal the laughter with which she recounted her life and also her incomprehension as to why anyone would be interested in her story.

Most of the background research to this book was carried out at Great Yarmouth Maritime Museum and Great Yarmouth's Central Library. Acknowledgements are due to the staff of both for their assistance, and in particular to Simon Partridge, Education Officer at Norfolk Museums Service. Kind thanks are due to Magnus Shearer of Shetland for taking the trouble to write the Foreword and for his interest in this particular history.

Many thanks must go to my husband, Neil Telford for his help in reading the manuscript through, thanks also to my mother, Maureen Jackman for her help in typing the transcripts used in this book, and not least to my grandmother, Christina Jackman for her patience in putting her story onto tape.

Lastly, I could not have transcribed the tapes without using the excellent *Shetland Dictionary* by John J.Graham and *Grammar and Usage of the Shetland Dialect* by T.A.Robertson and John J.Graham.

Susan Telford.
1998.

A Shetland Herring Girl's Story

Introduction

The growth and decline of the British herring industry is a well-documented social phenomenon,* but while the skill and hardiness of the industry's herring girls, used in the curing yards to process the catch, is often admired, they rate little more than a historical footnote.

Ironically, just as the herring fisheries on the east coast of Britain began their long slide towards economic disaster, culminating in their closure in the 1960s, media interest in a trade not previously noted for its glamour picked up and took on the romantic hue of nostalgia. In the newsprint of the 1930's depression years the girls were frequently referred to as 'buxom'. But by 1935 their numbers had been reduced by two thirds from a buxom peak of approximately 6000 girls in the boom year of 1913, when 854 million herring worth £1 million were caught and processed in just 14 weeks in the busiest ports of Great Yarmouth and Lowestoft, to a lean 2000 female migrant workers. By 1962 less than a dozen herring girls were travelling to work the southern fisheries.

This introduction is not primarily concerned with the general history of herring fishing, but to comprehend the uniqueness of the girls, in contrast to their more stay-at-home contemporaries, a brief history is necessary to explain the existence of female labour in this section of the fishing community.

The Scotch Cure, developed in 1808, differed distinctly from the Dutch method of curing herring at sea by curing on land. Initially, on a small scale with independent fishermen who owned their own boats, free trade in the second half of the 19th century, among other factors, allowed the herring fisheries to flourish. Large independently-owned sail vessels followed the herring southwards in the season landing the catch at various ports down the coast, with large numbers of people flocking to the ports looking for employment. This rapid expansion brought about by free trade was accelerated further by the change from sail to steam in the closing years of the century that amounted to a revolution in the fisheries, with catches vastly increased by the use of steam drifters. Large companies with fleets of drifters emerged. The new steam railway meant that those ports with rail links prospered. By the turn of the 20th century the herring fisheries were big business.

Herring were measured in crans, with a single cran weighing 37.5 imperial gallons (160.5 litres), containing 1000-1300 fish. The catch was landed onto the quays from the drifters in quarter-cran baskets, being measured at the same time. Taken to market the majority of herring were then sold to

---

*See Bibliography

curers, most of them Scottish firms, and transported to specially-built curing yards nearby to be processed. This involved gutting then packing the herring in barrels layered with coarse salt. A finished barrel contained a cran of herring, by now 700-1000 fish, and 100wt of salt. The barrel lids were put on by coopers, and after a number of days, as the salt dissolved in the herring juices to form a brine or 'pickle', a bunghole was drilled into the barrel's side and the pickle drained off. In the interim the herring had shrunk so that the barrel had to be topped up with fish from another processed at the same time. The lid was resealed, the pickle poured back into the replenished barrel through the bunghole, the barrels stacked up in the yard, and so on.

Shetland, Great Yarmouth and Lowestoft were the top and tail ends of a trade that peaked prior to the First World War, with Germany and Russia as the main markets for export.* Lerwick in Shetland, like Yarmouth and Lowestoft, was a port created by the same need to land and trade in herring. Shetlanders began in earnest to fish from their own shores in the early 19th century, and in common with other ports, such as Yarmouth, rapidly developed its fishery in the 1870s. In the same decade in Lerwick alone boats fishing for herring multiplied from 50 to 932.

The herring season started in spring in the north when the herring began their slow annual migration to the southerly breeding grounds of the North Sea. Shetland waters were fished in March and April for winter herring, then June, July and August for summer herring. On the way down to their spawning grounds the herring grew full of milt or roe, and by the time they reached the autumn fishery in the Smith's Knoll area off the East Anglian coast were at their fattest. As the herring shoals swam down to the south so the fishermen followed the shoals, from Shetland to Wick, Fraserburgh, Peterhead, South Shields, Scarborough, Great Yarmouth and Lowestoft, taking their biggest catches in the south.

By the mid-19th century a land-based mobile work force that could also follow the fishing, with minimum upheaval in working practice and social and familial life, was needed to deal with the catch. Originally, whole families had worked together as a tight economic unit with the women gutting the herring the men caught in summer, and baiting the lines they used to catch white fish in winter. The children were also expected to contribute by collecting the bait for the line-hooks. But division of labour affected the herring industry like any other large-scale Victorian operation. By the second half of the 19th century, when the fisheries expanded, the family as an autonomous economic entity was untenable, and the women began travelling to gut and pack herring for the large newly-developed curing firms. These women already had a

---

* In Russia the pickle was valued as a sauce to dip bread in.

vested interest in the catch. They were the wives, sisters, mothers and daughters of the fishermen who caught the catch for the curers. Their male counterparts were the coopers, also coming from fishing families.

Scotswomen were typically used because they were 'on hand' at the beginning of the season in the north. They came from the ports of Lerwick, Nairn, Wick, Newhaven, Banff, among others, and the Highlands, and took to the herring industry and the summer travelling it entailed as a matter of course. In the winter months they once again turned their deft hands to netmending and other activities of small-scale winter fishing, or if they came from crofting families helped run the croft.

As the girls travelled down the east coast of Britain, from port to port, their belongings travelled with them in kists on special trains from Aberdeen. The curers paid for the travel of both girls and kists. The kists, or trunks, contained all their clothes, both best and working together, and not forgetting their knitting. When not gutting and packing the women knitted, usually fishermen's navy-blue jerseys, also known as ganseys or guernseys. On arrival at the ports the girls stayed in lodgings or bothies, their moral and physical welfare looked after by the Red Cross, the Church of Scotland, the Mission to Fisherfolk, and other religious organisations.

Herring girls began their periodically-nomadic careers between the ages of 15 to 18 years, continuing for as long as they were able. (It was common to have sexagenarian grandmothers at the gutting). The girls were divided into crews, consisting of one packer and two gutters each, with the packer effectively in charge of the crew, deciding which curer to work for each season. The girls needed little training in how to gut, having been raised among fishing people, but if they did economic necessity spurred them on to a productive speed.

At the gutting they often stood outside in the yards, or undercover if they were lucky, at a communal farlin, long and sloping after 1918, but a deep box before the War. The 'new' sloping trough meant the girls could gut faster by not having to dip down so far to reach the fish. The herring were tipped into the farlins and roused, or turned, in salt, then gutted. The herring's throat was cut with a small gutting knife, the gills and intestines pulled out through the slit and thrown into wooden tubs lying in the farlins.

As they worked the girls quickly became spattered with herring guts, blood and scales, despite their protective clothing. By the 1920s and 30s this was an oilskin apron worn over thick jumpers, with skirts kept deliberately shorter than the aprons to protect the hem. When the girls washed their aprons down before every meal and at the end of the day they took particular care not to let the dirty water run into their short rubber boots. Seaboot stockings were sometimes worn in an attempt to keep their legs warm. In wet weather they

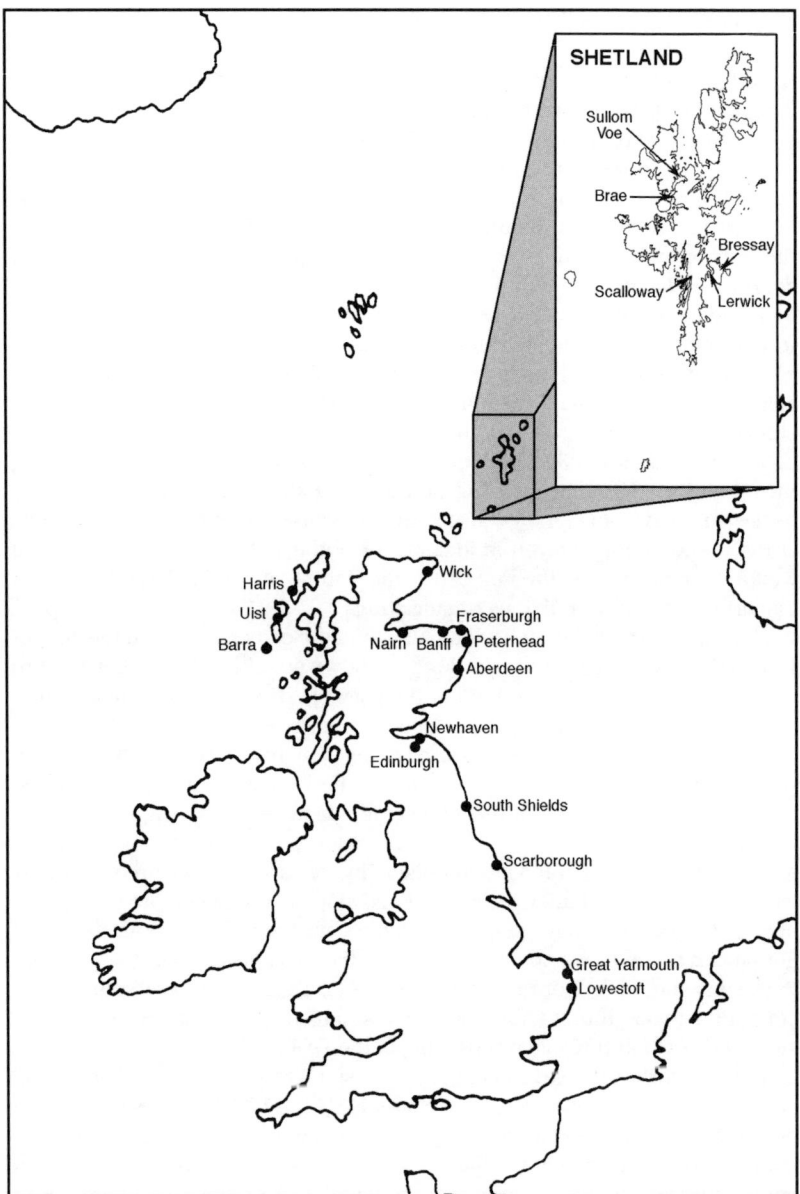

Map of Great Britain showing main herring ports and origins of the herring girls.

A Shetland Herring Girl's Story

had oilskin jackets with hoods to wear, and at the summer fisheries rolled up their sleeves only to suffer sunburn. Prior to the use of oilskins the girls had little protective clothing, and the long skirts of the Victorian and Edwardian eras were impractical and insanitary. Most importantly, the girls wore cloots, thin strips of unbleached linen wound round their fingers then tied with other strips of rag or cotton. Cloots protected their fingers from salt sores, caused by the salt rubbing into the skin and creating ulcerations. Although, despite this protection salt sores were a common nuisance of their working life, hence the need for dressing stations close at hand.

The girls worked rapidly, slinging the gutted fish into up to five tubs positioned behind them, filling each one with herring of a particular size. Small, medium and large, known in the trade as matties, mattfuls and fulls, were the common sizes. Their judgement was automatic, born of experience. When the tubs were full the crew carried them across the yard to be packed. The packer laid the bottom row of herring dark back uppermost. Subsequent rows were packed alternatively, a scoop of salt thrown over each layer, with the top row finished off silver belly uppermost. This meant that whichever end the barrel was opened at, the fish would gleam silver.

Hours of work were twelve to fifteen a day depending on the abundance of herring, and up to the second decade of the 20th century were unregulated. In 1913 the factory inspectorate negotiated a 10 and 13 hour alternate shift pattern with the curers, and by 1918 were enforcing first aid stations, rest rooms, canteens and recreation rooms. The Church of Scotland and the Red Cross had already organised these to some extent since the late 19th century. Dressing stations and rest rooms were dotted among the curing yards, with the stations providing first aid for knife cuts, salt sores, and splinters from the wooden barrels, and the rest rooms providing shelter when work was slack.

The work itself was piecework. At the beginning of each season the women were paid an engagement fee by the curer, sometimes called arles, which between the two world wars was approximately 10s. They were also paid a weekly wage of between 10 and 17s / 6d, and a sum for each barrel filled plus an hourly rate for topping up the barrels, paid at the end of the season. On average each girl could gut one herring per second, a crew filling about 30 barrels a day. It was the packer's responsibility to keep a tally of the number of barrels filled. The record was for 37 barrels filled in one day in 1924.

Before 1914 the average wage for a herring girl was 25s a week, which by contemporary standards was quite a good labouring wage. But by 1924 the girls were only earning 20s a week wages, plus one shilling between three girls for each barrel filled. The weekly wage was used to pay for their lodgings and groceries. Barrel money, paid at the end of the season, was taken home to their families. The steady fall in the weekly wage over the years meant part of

In a World a Wir Ane

the barrel money often had to pay outstanding grocery bills, leaving less to take home for the winter period. Strikes were common.

In October 1931 the girls struck to raise the minimum weekly wage from 13s / 4d to 17s / 6d. Eventually, a weekly wage of 15s was agreed in Yarmouth. In October 1936 the girls struck again to increase the price of 10d a barrel to a shilling, from which it had been lowered two years previously. The strike lasted for three days led by Maria Gatt of Rosehearty, involving 3000 girls in Yarmouth and 1000 in Lowestoft. As was typical, the grumblings which had started at the beginning of the herring year in Scotland culminated in all-out strike in East Anglia, calculated to hit the curers at their busiest and most lucrative part of the season. In 1936 the girls achieved their objective by gaining a 2d increase on each barrel filled, retrospectively to the beginning of the season. An increase from a weekly wage of 15s to 17s / 6d was also to be considered for the following year. Further strikes occured in 1946, 1949 and 1953.

Opinions as to the decline of the industry, such as over-fishing by the Danes of immature stock, or the decrease in consumption of herring in favour of cod, vary. But whatever the reason, the phenomenon of the herring girls was over by the mid-1960s. They had disappeared, along with the many curing yards and steam drifters, from the fishing scene.

The following account is the life story of a 'typical' herring girl : Christina Jackman, neé Leask. She was born before the First World War in the port of Lerwick, Shetland, the most northerly fishing port in Britain. Brought up in a family of nine above the docks, like her three sisters, she followed the fishing from the age of fifteen as the only occupation available at the time to a girl coming from a fishing background. 'Dey wir nothing else for wiz ta dö : we wis ootby da Burgh.' She travelled every season from the mid-1920s, with a spell in the Wrens and the NAAFI during the Second World War, until she married Ernest Jackman, a Yarmouth fresher, in 1948, when she retired from the gutting.

The first part of her story tells of her childhood in Fleet Street, Lerwick, one of the poorest areas of town. The wooden houses of Fleet Street were crowded, insanitary, and at the time she was born in 1909 condemned. Her family lived in three of the four upper rooms of the largest house in the street of wooden construction, with brick chimneys which had to be blown-up when the house was finally demolished. The house was occupied by a total of 23 people. The fourth room upstairs was home to an old sailor who suffered from 'maries', or nightmares, scaring the children. Her sister Daniellena and her husband and children had one room downstairs, and three separate families lived in the other three, with one room each. The house lacked running water and bathrooms. The toilet consisted of a lidded bucket, taken down to the docks every day and emptied into the sea, then rinsed in the salt water. All fresh water had to be collected from the pump at the end of the street. When the Leask family moved to a house in Cheyne Crescent with a bathroom and running water they thought they were in 'Heaven'.

The story follows her dislike of formal schooling, to her love of nature and the outdoors, her fishing trips with her father and brothers, and her general daily life. The economics of her early days are vividly described, such as collecting whelks to sell for linebait, and knitting even when 'peerie' for necessities, all worked out on a bartering system with the local shops. Food was wholesome if basic, fish naturally enough, and the slaughter of the Christmas lamb used for both food and wool. Nothing was ever wasted. Even the hills provided both peat and somewhere to dry and bleach washing.

Sunday was spent in religious observance, usually at the 'peerie' kirk for Sunday school, and later at the Congregational or Baptist kirks, and always the Fishermen's Mission at four o'clock in the summer, when the fishermen's singing was a treat to be heard. Music played a big part in the social life outside the Mission. There were dances accompanied by fiddles and accordions every Christmas and New Year's Eve, and at Up-Helly-A' on the last Tuesday in January. Other past-times were homemade and seasonal : egg rolling at Easter and sledging in winter.

Apart from a six week stay at a farm in Sullom Voe, belonging to her mother's family, all of her childhood was spent in the town of Lerwick. It was there that she learned the skill of gutting herring by first practising on dock leaves, then later at one of the kippering kilns at the back of Fleet Street after school. By the time she began her gutting career at the age of fifteen in the port of Lowestoft for the first year, then Yarmouth for the following years, she was adept at her work.

The second part of her story tells of her experience at the gutting, her love of travel, and the fun the girls had. She recounts accurately and in some detail exactly what it was to be a herring girl in the 1920s, 30s and 40s. Although the work was arduous by modern standards it brought an independence and self-assurance that she shared in common and uniquely with the herring girls.

The story is written for the most part in the Shetland dialect, and I have tried to faithfully recreate my grandmother's pattern of speech. At school in Lerwick she was actively discouraged from speaking the Shetland dialect ("we don't say 'tatties', we say 'potatoes"), and encouraged to adopt English grammar. Her time spent in Scotland during the War and her years living in Norfolk have further modified her dialect somewhat, which now includes many Scottish and English words and phrases. For example, the term 'sheath' for knitting belt is actually a Scottish one. 'Makkin belt' would be the Shetland equivalent, as would be 'makkin wires' for knitting needles. This cosmopolitan mix of Shetland, Scottish and English though should present no difficulty for the general reader in following her story.

BIOGRAPHICAL DETAILS

Christina Jackman, neé Leask.
Born 8th October 1909, Fleet Street, Lerwick, Shetland.
Moved to 48 Cheyne Crescent, Lerwick, Shetland.
Father was Thomas Leask, fisherman and factory worker, originally from Vidlin, Shetland.
Mother was Clementina Leask, neé Sinclair, originally from Aith, Shetland.
Sisters were Daniellena (Lena), Elizabeth Ann (Lizzie/Betty), Laurena (Lullie).
Brothers were Johnny, Thomas (Tammy), Jimmy.

A Shetland Herring Girl's Story

Childhood

I wis born at Fleet Street ida biggest hoose at wis dere. Dey wirna ony hospitals dan-a-days. No right hospitals or maternity. You just hed a midwife. I suppose I wis sixth. I dönna really ken. Dey wir nine o wiz aa together. Tree boys an five lasses. Fower lasses an tree boys, rather. Wan died at birth.

My midder's name wis Clementina, called Tina Leask. We wir aa 'tinas'. I wis Christina or Chrissie. My sister's name wis Daniellena, but she wis called Lena. My idder sister wis Laurena. She wis called Lullie. Tidder ean wis Elizabeth Ann. We called her Lizzie. But later on dey called her Betty whan we gied ta da fishing. My breider wis Johnny, an Tammy or Thomas, an Jimmy.

Fleet Street wis right below da Staney Hill. Dat wis whaar da farm wis. Da hooses wis aa made a wood, dan dey knocked aa dat wooden hooses doon, an dey built brick hooses efter dat. We wir upstairs an dey wir fock doonstairs. My sister lived doonstairs, da owldest wan, Lena. She wis married.

Dey wir just wan street in Lerwick : Commercial Street whaar aa da shops wir. Dey wir a Fish Market an da Steamer's Pier. Commercial Street wis up a bit, dan you hed ta geng doon steps an doon ta da Fish Market, morroless.

My faider wis a fisherman. But dan, ida summertime he gied ta da manure factory, because dey wirna much white fish gyaan dan, an he hed a job. Aa da summer he hed a job in dis manure factory on da island across da harbour, Bressay. Dey called it da 'guano factory'. If a boat cam in loaded wi herring dey wid tak da herring aff a da top, but by da time dey got doon ta da boddam da herring wis aa crushed, or something laek dat. An if dey wir bad quality herring dey gied ta dis factory for manure. Dey sowld dem cheap. He stayed dere aa week an wid come hame weekends. O, he didna half stink whan he cam hame. O Göd. We hed ta strip him ootside, an pit his washing ida tub ta soak it for him gyaan back on da Monday. We wid say, 'O, staand ootside. Get your claes aff.'

I wis a proper tomboy really, because I gied oot fishing wi da boys, my breider. No oot ta da fishing grounds, but oot wi a hyook an a piece a string ta get da fish. My faider an breider gied oot, an I gied wi dem noo an again. It wis only oot ida harbour. In Lerwick der a natural harbour. Der da Sooth Mooth, an tidder ean wis da Nort Mooth. We wid geng oot just near da Sooth Mooth, an der wid be plenty a whitings, haddocks an aa dat, catched on a line. Whan we cam hame wi a basketful we wid gut dem an split dem up an pit dem in a tub wi saat, an saat dem aa doon. Dan, efter fowerty-eight oors, we took dem oot a dis tub, it wis aa brine dan because da saat melted, an laid dem oot on sticks, da sammas dey do in Iceland.* We hed planks a wood laid ida garden

---

* Icelandic stock fish are cod lightly salted then sun and wind dried on stocks.

9

In a World a Wir Ane

on things, wi spaces in atween da bits a da wood. We laid da fish on dere an da sun dried dem, an we packed dem awye for da winter.

We wir pör but we wir happy. We alwyes hed something ta aet, because we hed saat-herring, saat-fish an saat-mutton. So we never gied hungry. We hed saat-herring nearly every Saturday dinnertime wi boiled tatties wi der skins on. We poured butter owre dem. We hed dat nearly every Saturday : saat-herring an tatties, or saat-fish an tatties. Da saat-fish we hed ta soak dem owrenicht, da white fish laek, dan boil dem da neest day. We hed plenty a tatties, because my midder wis a country woman, an her freends wid come alang, her freends fae da country. We lived in Lerwick, an dey wid come in, an dey wid gie wiz a bag o tatties, buttermylk an butter, an eggs or onything laek dat. If we didna hae da money we gied dem saat-fish or saat-herring in exchange.

My midder's fock, dey wir Sullom Voe. I gied dere an I stayed for six weeks an took ida cows, an rounded up da sheep. I loved dat. I should hae bön a farmer. I loved aa dat : gaddering ida eggs, an made butter wi da mylk. Dey pat da mylk ita dis kirn. Dey hed wan a da owld-fashioned things at dey made da butter wi. It didna hae a handle. It hed a stick wi holes in it an a big, wooden, round tank. We hed ta keep kirnin dis stick fir da butter cam up on da top, dan scum it aff. Da rest wis buttermylk underneath. We wid drink da buttermylk. Dey fed da cattle wi da buttermylk, an dey wid mak scones wi it. You could buy buttermylk, about twartree pints for tuppence. Sometimes we washed wir faces in it. It wis supposed ta keep your complexion nice.

We wid mak tattie soup or cabbage soup. We hed a piece a mutton in ta mak da soup. Dan on Sunday we wid hae da soup at dinnertime, well lunchtime, whit dey call lunch noo, but we wid hae dinner. Dat wis wir dinner : soup on Sunday, an we hed da meat on Sunday taetime. If we didna hae onything else we wid geng ta da butchers an get tree pence worth a scraps. Dat wis da bits a meat, an we made stew for twa days. We ösed big iron pots in dem days. We hed a big pot, a shallow pan laek, an we hed ta bake wir bannocks in dat. We hed stoves wi fower lids laek, an if we wanted a roast or onything, which wis very seldom, only whan we hed boucht a sheep or lamb fae da Market Green, we hed a roast maybe. But we hed a pot-roast because da ovens wisna very göd. Whan we boucht a lamb we just hed wan roast oot o it an some chops, an dan saat da rest. Whan dat wis ida brine for twenty-fower oors, we took dat oot an hung it up ta dry.

I hed ta geng wi a borro doon ta Hay's coal dumps. I hed ta geng wi a borro an get half a hunder weight a coal, whan we could afford it. Da rest wis paet, or geng doon ta da beach an gadder wood an dry it. We wid kendle da fire wi dat every morning. Or my faider, whan he wis no at da fishing, he wid light da fire every morning. We wid geng doon ta da docks an gadder wood for da fire an bits a coal at hed come aff a da coal hulks. Oot ida harbour dey hed coal hulks. Dey wir big boats. Well, no great, big boats, just whit dey called coal hulkers. An aa da drifters wid geng alangside dere an get der coal whan dey cam ita da harbour. Dey wir about, I think, tree or fower lying ida harbour. Whan dey aa got motor boats dey wir only a few steam drifters at needed coal. Dat wis ida twinties, a course.

We got wir errands trowe da week fae da shop. Dan, wir parents hed ta pay da money at da end a da week, if dey hed onything ta pay. If no, dey just paid so much an left da rest fir da following week, hoping dey wid hae a göd fishing week or something laek dat. Dan-a-days, dey hed ta wait fir da end a da week ta get pay for da errands.

Every morning I gied ta da shop. Da shops opened at eight o'clock ida morning. I wis sitten dere on da doorstop fae half-past seevin. We hed a mile or twa miles ta da shop. I hed ta rin ta da shop, rin back wi da errands hame, an rin back ta da scöl. Wan o da teachers wid say ta me, 'Girl, you'll bust yourself running like that'. I wid rin everywhaar.

Staney Hill wis wharr da sheep wis, an we wir lat up dere ta burn da heather. Dey wir a lock a heather. Dat's why dey brunt da heather, because da heather wid growe so lang. So, about April, afore da lambs cam, we hed ta geng up an burn some a da heather. Dey wid hae bön lost among da heather, da peerie lambs, an if dey wir born up on da hill dey widna find dem.

Whan we dön wir washing we wid geng up ta da hill if it wis da summertime. We wid tak wir sheets an lay dem oot on da heather wi stons in each corner ta let dem dry an white. We wid tak onything at wis white laek. We took dem up an laid dem oot on da heather ida morning. Dan, we gied up dere ida afternoon, or efter taetime, an took dem hame dry.

I wid geng wi my faider up ta da paet hill. It wis on da Free Hill dat. Nothing wis closed in. Dat wis called da Free Hill an dat's whaar dey wid dig for free. But if you gied ta anidder hill at wis fenced in you hed ta pay about half-a-crown laek, ta get a paet-bank. My bridder wis wint ta do dat efter he married. My owldest bridder hed a paet-bank, Johnny. He hed ta pay half-a-crown ta get in an get his paet-bank dere.

I wis alwyes da wan ta carry hame some paets in a kishie. We hed ta borrow a kishie fae a wifey called Peerie Libby. Peerie Libby because she wis aa bent. She hed aa da owld-fashioned things. She hed a kishie, an I hed ta geng an get a len a her kishie, because I wid geng up da hill wi my faider an get da paets, an carry dem on my back. Sometimes my back wis aa scraped alang an raw. You couldna geng wi a borro up da hill because you hed ta geng up whit we called da Aald Hill Road. Da Aald Hill Road gied up ta da Free Hill at wis in ateen Clickimin Loch an da Staney Hill. Dat wis a right steep road up da hill.

In a World a Wir Ane

It wis aa stons. Dey wir a ston dere up ida hill at looked laek a pig. We called it da Pig Rock. It wis da very shape o a pig. Courting couples wid say, 'We'll geng up Pig Rock tonight.'

Dey wir alwyes paths doonby da lochs. Dey wir anidder peerie loch at run ita Clickimin Loch. We wid paddle in dere. We never hed on shön ida summer. We walked wi bare feet whan we wir peerie. If you wanted a pair a böts or shön you hed ta get a line fae da Pör Office. Dey never gae you ony money. Dey just gied you a note saying, 'Give this girl or woman her shoes'. Dey charged it up ta da Toon Council I suppose or something. My bridder wid never pit on böts. If he hed a pair of shön or böts he wid pit dem in a hole ida wall an geng wi bare feet, even ida wintertime ta scöl. Jimmy.

If onybody wis hungry he'd tak his dinner oot an gie it ta dem. I ken once dat wan o da boys at lived ida sam road as wiz hed a row wi his parents an he gied an lived in a boat. Dey wir a lock a boats drawn up at da docks, an he lived in wan a da boats. My bridder took owld coats an gied dem ta him ta sleep dere. He wid geng doon wi his ane dinner an gie it ta dis boy.

At Easter-time whan dey wir Easter eggs we wid dye dem in tae or a red piece a paper. We got a red piece a paper. We pat dat ida water an boiled wir eggs. Dan, we took dem up ta da hill, a gang o wiz, an rowled dem doon da hill. Da egg at lasted da langest wis da best wan. Dan, we aet wir egg an a piece a bread an butter up on da hill. Dat wis wir Easter. Dey wir nae chocolate eggs nor nothing laek dat dan-a-days.

We wid listen ta music on Sunday, or knit. Sunday wis a day a rest an we wirna allowed ta dö onything. We could hear da news on da radio an a service, but we wirna allowed ta hear onything else. We wid geng ta da kirk tree times on a Sunday. Ida summer dey hed a Mission dere for da fishermen, an dey wid hae a service ida Mission at fower ida efternoon, in Lerwick. An aa da fishermen wid geng dere. It wis really god dat, because some a da fishermen wis lovely singers. We wid geng dere ida efternoon, an fae dere we wid geng ta da kirk, laek da Congregational or da Baptist, somewye laek dat. We wir aa dressed up in wir Sunday best. We alwyes kept wir best for Sunday. We just pat on ony owld thing during da week.

We wir five whan we gied ta da scöl. Dey wir nae nursery scöls nor nothing laek dat. We wir five year owld, an if we didna geng ta da scöl dey wir a man at cam round. 'Ratter,' dey called him. He wid come round an if you wirna ill he dragged you by da lug back ta da scöl.

Whan we gied ta gadder buckies my bridder Johnny stayed hame fae da scöl for half a day an cam an gaddered buckies. Somebody reported him an my midder wis fined ten shillings for keeping him hame dat half a day. She hed ta geng ta da court an she hed ta pay a ten shilling fine for 'failing to educate' him.

A Shetland Herring Girl's Story

Dey wir whit dey called da big scöl, an whan you wir about eight you moved ta da big scöl. Da headmaster wis everso strict. Mr Durham. He hed a boy an a girl. Da girl wis Alice. I canna remember da boy's name. Dey lived in a hoose just at da back a da scöl, back doonby da infant's scöl. Dey wir a big wall dere an we wid look owre an sign ta Alice ta come oot, because we could see dem ida window. Sometimes she cam. But if her faider catched her she got a telling aff an taen back ita da hoose. She wisna allowed ta play wi wiz.

We wir 'the scum of the earth', because we lived 'ootby da Burgh'. It wis a road called da Burgh Road, an aabody ootby wir Scotch people mixed wi da Shetland people, just a mixed breed. I dönna think dey wir ony Scotch people lived inby. Dey aa hed hooses ootby, laek wiz. We lived among dem in Lerwick. Da Scotchfock wis fisherfock, see. My faider wis a fisherman, so da fishermen morroless lived ootby da Burgh. We wir supposed ta be rough an ready. Which we wir a course. We hed quarrels wi dem at wir 'inby da Burgh', fights at da scöl an aa dat kind a things. Dey called wiz aathing, an we gied dem a göd hoiding. So we wir rough an ready compared wi dem.

But da headmaster wis everso strict. He hed a leather strap wi fower prongs. If you did onything wrong you wir sent ta him an you hed ta hadd oot your hand, an you got a göd strap. If it wis bad you hed ta hadd oot both hands. You hed blisters on your wrists an up your arms. You hed ta lift up your bare arms so you got a göd hoiding. But we wir frightened o him onywye.

My sister, she wis wint ta aet da orange peel, wir Lizzie. Whan we hed ta geng upstairs in dis big scöl dey wir orange peel on da stairs. Somebody said, 'Lizzie Leask hed orange peel.' So dey blamed her for it. But she hed aeten da orange peel. She wis sent ta da headmaster, an she got a hoiding, a strap for dat. She didna laek ta tell dem dat she hed aeten da orange peel.

My bridder Tammy played truant wan day, because somebody hed bullied him or something. I dönna ken. But he wouldna geng ta da scöl, an dis man, Ratter, cam round. Tammy ran awye. He'd hidden somewye. We hunted everywhaar for him. Onywye, dis man found him ida public park, no very far fae wir hoose. He hed hidden up dere. My midder gied up to da scöl wi him an towld da headmaster. She said, 'If you tak him by göd he's aa right, he'll attend da scöl. But if you bully him he won't, he'll run awye again'. Onywye, efter dat he attended da scöl.

Dey wir rooms wi partitions across. Whan wan teacher wis ill wan hed ta tak owre da twa classes. Dey drew owre da partition. Da teacher's hed aa different subjects. For da cookery dey wir a teacher, an whan dey selected da cookery we hed to mak soup, because ida wintertime we didna get hame for twa o'clock ida afternoon, because it wis dark. So da cookery class made da soup. An you got a plate a soup an a piece of bread ta keep you gyaan ta twa

In a World a Wir Ane

o'clock. Dis wis at twal o'clock. Da scöl started at nine o'clock, an ida summer-time da scöl closed at fower ida efternoon.

We hed ta geng ida grounds a da scöl. We hed ta dö exercises. Aa da scöl hed ta come oot, an dey wir rows a twas, laek soldiers dey wir, twa rows here, twa rows dere, aa across da field. A teacher wid come oot ita da playground, an we hed to dö exercises: bending doon, stretching up, an aa dat kind a things. Dey dönna dö dat noo. But dat's whit we hed ta dö.

Dan, every morning we hed ta form up in twas an march. Whan da bell rang we march ita da scöl laek soldiers. We hed ta dö dat alwyes, dinnertime an morning, on da playground. We hed ta line up. If it wis raining a course we gied ita da cloakroom. We hed ta line up dan whan da bell rung. We wirna allowed ta rin. If we ran we got a hoiding wi da strap.

I didna laek da scöl. I wis a dunce. I couldna spell. I couldna dö sums. We hed laek Scripture. We hed ta name aa da books ida Bible. Dat wis da sammas da Sunday scöl. Whan we gied ta da Sunday scöl we hed lessons, an we hed a book, an every time we gied ta da Sunday scöl we got a Christian stamp in dis book. So, if you missed a Sunday you missed a stamp. We wid geng just ta get da stamps ida book.

An we hed to dö laundry work: goffering an dat kind a things. Dan-a-days it wis aa hoosework at we learned. Dey wir nothing a dis languages nor nothing laek dat. It wis aa 'housewifery' as dey called it. It wis aa ta dö wi your hame.

Da only thing I could dö, really could dö, wis da astronomy. I loved dat. I hed a book. We hed ta draw da mön, half da sky, an we hed ta pat aa da stars in an name aa ean. I could name aa da stars in da heaven nearly. My faider wid tell wiz aa about da stars, da tides an aathing. He ken aa about dat.

I left whan I wis thirteen an a half, I think, because my midder wis a cripple. She fell doon da stairs an broke her leg, an her leg wisna properly set. So she wis a cripple, an dat wis my excuse ta come hame fae da scöl an look efter her.

Dem at lived ootby, laek wiz, we aa mucked in together. But we wir aa in different classes, morroless. Dem at wir clever, dey could geng ta da Institute. If dey wir clever an left at fowerteen dey gied ta dis Institute for a couple a years. Dan if dey passed da exams dere dey could geng ta Edinburgh ta da university, or Aberdeen University. Dey wir nae universities in Lerwick, just whit dey call da Institute.

I couldna pass. It wis only dem at passed da exam an wir clever enough. I wisna dat clever. I wis interested in Nature Studies. I wid geng up ta Clickimin Loch. Da ground wis aa damp beside da loch, an der wid be aa kinds a wild flowers dere: forget-me-nots, marsh marigolds, raggy-willies, an curly-dodies,

A Shetland Herring Girl's Story

an white an red clover. We collected da flowers an we wid press dem in a book. Stick dem in a jotter wi da names written underneath.

We always gied up dere ta play. I wid tak da bairns up dere, an get dem ta come up an gadder wild flowers or dry grass. Whan da flowers faded we collected da dry grass. My midder loved da grass an da flowers. Da bairns wid come ta da door wi bunches a flowers an she wid gie dem a sweetie or a halfpenny.

Ida wintertime da linnets wid come an da boys wid geng oot wi a girden wi a net owre it, an set it up wi a stick, an pit crumbs ida middle. Whan da linnets cam in dey pulled da stick an da linnets wir catched. Dey cam ta my midder wi da birds. We hed fower linnets an twa canaries in a big cage. My midder wid geng every night an spaek ta da birds. Da birds wid come ta da edge a da cage. Da flowers wid growe ta her. If she stuck a branch aff o a tree, a dead branch aff o a tree, stuck it ita da garden, it grew.

Aabody knitted fae whan dey wir five years owld. Aa da families could knit, morroless, in Shetland. We could geng up ta whit we called da Market Green whaar dey sowld da lambs. Every October dey sowld lambs up dere, peerie lambs, because dey couldna ship dem awye. If dey wir peerie we got wan for half-a-crown, an if dey wir a bit bigger we hed ta pay five shillings for wan. You could geng doon an feel dem ta see if dey wir thin or fat. If onybody hed ony spare ground dey took da peerie eans an fed dem up for Christmas, an dan dey could tak dem ta da slaughter hoose an get dem dön an dressed. You gied up twa days efter dat wi a basket an a cloth, a white sheet or something laek dat. Every lamb hed a number. You got a number at da slaughter hoose, an you took dis number whan you gied an you got your lamb, an pat it ita da basket. You got da skin an aa. So you roo da oo aff a da skin. Some did der ane spinning but no a lock. In Lerwick dey didna dö a lock a dat. Dey pat it ta Brora Mills* an got it made ita da oo. Dey hed ta pay so much for getting it made ita da oo, an dat wis whit we knitted whan it cam back fae da mill. Da oo wis natural colours. Dey wir brown, black, an white sheep, an fawn-coloured. So we got dem fower colours. We hed ta work it ita wan anidder ta mak da pattern.

We hed ta knit ta live, because we never got handoots. Aabody at hed a family, dey aa hed ta work. Sometimes we knitted for da shop. Certain shops took wir knitting. We boucht da oo fae da shops. We gied wi wir knitting whan da jumper wis finished. Dan, we boucht some more oo wi da money we wir supposed ta get. Laek, if you got a note dan you boucht some oo, an dat wis checked aff. We hed ta sit an knit aa winter ta get money for errands. We wid sit an knit fir wan or twa o'clock ida morning if we wanted ta finish da jumper

---
* T. M. Hunter Ltd., Sutherland Wool Mills, Brora, Scotland.

In a World a Wir Ane

by da weekend an sell it ta da shop on a Saturday or Friday ta get some errands. But we never got da money. We got a line, laek a credit note, ta say dat dis money wis in dis shop ta gie da errands ta da value a dis money.

Sometimes, da shops wid gie wiz an order for a Fair Isle jumper or wan wi a Fair Isle border. We hed ta knit da border in. Sometimes, dey hed a machine at could knit plain things but it couldna knit da Fair Isle. We hed ta knit da Fair Isle round da neck, da cuffs, an round da boddam, an tak it back ta da shop. Dey examined it ta see if it wis properly dön, but if it wisna properly dön dey widna buy it, dey widna tak it fae wiz. We couldna hae a seam, because if we took wir knitting ta da shop da first thing dey did wis pat der finger up an doon da seam at da sides. So we hed ta mak it tight at da change at each side, so dat dey didna hae a seam dere. Da patterns hed ta be matched up ta wan anidder. If da patterns didna match we didna get dem sowld.

Bairns wid knit peerie mittens, an pit dem ita da shop whan dey got a lock. Dey didna geng wi wan article. Da bairns wid knit an knit an knit. Dan, whan dey got about a dozen pairs a mittens dey took dem ita da shop an got a line. Dat wis marked ida shop fir dey got enough money fae der knitting ta buy a coat or whitever dey wanted, claes. But we wid knit for wirsells a lock tö. We wid knit vests, shorted knitted wans ida Shetland oo. Dey kept you warm because dey wir pure oo at wis right fae da mills.*

Aabody hed a sheath dan-a-days. Sometimes, if dey didna hae a sheath dey gaddered skorie's feathers. We did geng oot an collect skorie's feathers, an we tied dem up wi a string, a bunch a dem wi da stems wan wye. You tied aa dis feathers up tight together. You could stick your needles ita da stems a dis feathers an tie it round your waist wi a string. Da bairns hed peerie needles, an dey didna need a sheath. But as dey grew owlder dey hed ta hae a sheath. Whan we wir knitting onything big we hed ta hae a sheath ta keep wir needles in. For da big jumpers we hed great, big, lang needles, an we ösed tree or fower a dem. It just depended on da size a wir knitting.

In Shetland dey called it makkin. If you gied oot at night dey wid say, 'Tak your makkin.' We gied ta wan anidder's hooses, never locked wir door. A lock o lasses gied ta wan hoose, an dan dey cam ta wir hoose, an dan we hed some idder body's hoose. About tree or fower o wiz together. We sat dere an did wir makking an held a laugh. We telt stories and jokes. Dat wis ida wintertime a course.

An ida winter-time we hed ta geng an gadder da wylks. We took dem ta a shop an dey measured dem in pecks. We got so much for a peck. Dey just gied wiz a note an we gied an got errands for dat. Whan I wis in my teens we hed

---

* During her stay with relatives at Sullom Voe she knitted spensers, or vests, to be sold at Brae for 6d each.

A Shetland Herring Girl's Story

ta geng. Aa da family nearly gied an gaddered da wylks. Dey only come in certain seasons, da wylks. Der on da beach whan da tide is oot, under da stons, sticking ta da stons. You lift da stons an der in a pool. Dat wis miles oot, a course, oot a da toon on a beach. Sometimes we gied wi a boat ta dis beach an gaddered dem. We öswally walked hame owre da hills. My faider wid carry dem on his back in a sack.

We sowld dem. Wir family never aet dem. We never aet onything laek dat. We never aet ony crabs nor nothing. Da Scotch people did at lived dere. Dey laeked da crabs, but we couldna aet da mussels, nor da lempits, nor nothing laek dat, because we pat dem on da lines, baited da lines wi dem. My faider wid geng ta da fishing. Dey got da mussels fae da Mainland an we wid bait da lines; five hunder hyooks wi dis mussels. So it wis aa shellfish. If dey couldna get herring or mackerel ta bait da lines wi, dan dey hed dis mussels.

As far back as I can remember dey hed Up-Helly-A'. Up-Helly-A' wis alwyes on da last Tuesday in January. Women didna tak part. It wis aa men dressed up in squads, about twal or fowerteen o dem. Dey aa dressed up in different things, maybe an advertisement, advertising say a breakfast cereal. Onything at wis gyaan on ida toon dey wid dress up as it. Dey wir carpenters, an dey made dis galley doon in a hut. Dey didna get paid for it. Dey just made it in der spare time.

An aa da people gaddered whaar dey hed a place for da galley. Da squads hed ta line up. It wis called da Hillhead. I suppose dey wir about twenty squads o fowerteen or twal men, guizers. Dey aa carried dis big torches alight. Dey lit up at eight o'clock at nicht. Somebody shouted, 'Light up', an dey wir a man at gied round an lit dem. It wis dark, an dey wir lights but dey wirna very powerful dan-a-days. Dey lit up, an dan dey marched fae dere for about a mile ta dis place. Da galley wis ida middle, an dey wir people at pulled da galley, because it wis on wheels. Dey pulled it doon ta a place called da Lochside, in a field near a lake. Dan, dey aa stöd round wi dis lighted torches an dey sung 'The Norseman's Home'. Efter dey sung dat dey aa threw da torches ita da galley, an dat flared up. Whan da galley wis aflame dey aa left.

An da peerie bairns hed a galley a der ane, an dey dressed up. Dey hed a peerie galley an dey wid dö da very sam thing. Dey took it doon ta da field an set it on fire. Dey did dat earlier ida nicht.

An every squad hed der ane music, fiddle or accordion or whitever, an aa da dance halls wis open, though da women hed ta pay for da tickets. Some a da big hooses wis open. Wan squad come ita a hall, an dey hed der ane music an dancing, dan dey moved onta da neest hall, an da neest squad cam in. Dat's how it gied on fir five o'clock ida morning. We cam hame weary at five o'clock ida morning, an dan da neest day we hed a carnival.

In a World a Wir Ane

Dey hed dances ootside ida Market Square. Dey wid dance dere an play. Dey did dat every Christmas an New Year da sam, whether it snowed, hailed or onything. It wis alwyes on Christmas Eve. Dey danced ootside in dis Market Square fir aa oors a da morning. Dey wir alwyes a band: fiddles, because fiddling wis der main music; fiddles or accordions. I wisna very göd at dancing, but I laeked it just da sam.

It wis so dark some nichts. Dey wir lights ida street, but ootby dey wir never only lights dere dan, no ida early years. An da sheep an da ponies aa roamed aboot da roads. Da sheep wid come ida back an aet aa wir vegetables. We hed to chase dem oot every morning. Aa you heard wis 'maa, maa.' I remember wan nicht my bridder wis oot. It wis dark, an he heard dis 'clump, clump, clump' coming at da back o him. He ran laek hell. It wis a pony!

Whan it wis a frosty nicht, an da snow wis on da ground, it wis really lovely. You could hear da mirry-dancers, 'swysh, swysh', across da sky. Dey cam up red laek flames. We heard dem better whan it wis a frosty nicht, an sometimes da snow wis up ta wir eyeballs. We could be snowed-up for weeks on end. Da snow wis hard as onything an aabody gied oot sledging, hale families, because dey hed great, big, lang sledges at could hadd aboot six or seevin. Dis sledges cam oot every winter. Because dey had irons on da sledges dey wid polish up dis irons so at dey shined, so at dey could geng fast.

Naebody skied dan-a-days. It wis aa sledges. An it wis aa horse an carts. We lived whaar dey wir a big brae, an we wid come doon dis brae on da sledges full pelt. Dey wir a horse and cart passing at da time at wan o my breider got ta da boddam a da hill. He gied right trowe da horse's legs an oot tidder side!

Dey wir anidder place whaar we wid geng ta sledge, an at wis a big, lang brae at wis about twartree miles lang. We wid start at da top an come right doon dis big brae. It wis aa right gyaan doon on da sledge, but we hed ta pull da sledge back up again. Dat wis da worst part. Fock wid stay oot nearly aa nicht on da sledging fir twartree ida morning.

At da back a wir hoose, whan we lived in Fleet Street, dey wir twa kippering kilns. Twartree o wiz wid geng up dere efter scöl, an wir parents didna ken dat. We wir eight years owld. We wid sneak up dere, an dey wir a man at learnt wiz ta gut. He wid gie wiz an oilskin apron. He hed laek peerie barrels at he wid fill for people, gutting for saat-herring laek. He wid cure just a little, maybe a basket a herring. He wid gie wiz a peerie tub maybe, an tell wiz ta gut dat herring, an he showed wiz how ta dö it. Dat's how we learned. You tak a herring, an you tak your knife, an cut da throat, an da guts come oot. Afore dat we wid tak da dock leaves, because dey wir alwyes plenty a dock leaves, an we tried ta learn how ta gut wi dem.

A Shetland Herring Girl's Story

We aa worked da fishing. We wir broucht up wi da fish. Dey wir nothing else for wiz ta dö: we wis ootby da Burgh. Wan of my breider wis a cooper, anidder ean wis ida Merchant Navy ida big boats. He wis coming up for bosun. Tidder ean, he gied ta da whaling. My owldest sister wiz married, but da rest o dem gied ta da fishing, da herring fishing. Only for a little while afore dey got married. My sister Betty an I wis da last eans ta geng ta da fishing. We wir fifteen.

In a World a Wir Ane

Working Life

I gied ta Lowestoft whan I wis fifteen. My midder didna want me ta geng, but I made such a fuss she wis obleeged ta gie in. We worked doon da Scores alang da Lowestoft beach. Dat's whaar da herring curers wir: whaar da camp is noo, whaar da caravan camp is. Efter dat we gied ta Yarmouth.

We just hed ta mak up a crew. Dey wir tree girls worked together in a crew: twa gutting da herring, an wan packer at wis packing ida barrels. Mary Ellen Gatt an Rosie Gatt; dey wir twa sisters, an me. We worked together for a lang time. Dey lived in Lerwick.

We alwyes gied ta da sam curer every year. Bloomfields wis da head firm. Johnson wis da name a da boss, an Davidson wis da head o him. Davidson wis da man in charge. Johnson wis da man who cam an employed you an got you aa together. Johnson cam up ta da Shetlands. You got five shillings ta be engaged. Dey paid for your oilies; da oilskin skirts at you ösed an your rubber böts at you hed ta wear. You hed ta sign your name. It wis a contract, an you hed ta stick ta dat firm. You couldna change it because you hed signed your name. Da tree o you hed ta sign together. Dey paid for da travelling. We hed ta travel everywhaar da fishing boats gied.

We worked in Lerwick first. We worked dere fae May ta July or August.* It just depended on da herring. Dan on ta Shields about a munt laek, an if dey wirna much dere, dan we gied onta Yarmouth. Whan we cam fae Lerwick we gied ta Peterhead wan year because dey wir some herring dere, but dat soon fell aff. Dan da boats moved on ta da neest place. We wir alwyes in Yarmouth about da end a September; alwyes dere dan, fae da end a September fir November.

I loved ta travel, I did. We wirna awye dat lang. Twartree munt wis da langest. Da langest we ever wis wis whan we gied ta Plymouth an we didna get hame fir efter New Year. Sometimes we gied hame if it wis a pör year. Sometimes if we could get an odd job, laek ida kippering, or something laek dat, we stayed for a week or twa, if onybody wid gie wiz a job, but idderwise we just hed ta geng hame.

Da boat took about twal oors fae Lerwick ta Aberdeen. Dan, we hed ta tak da train fae Aberdeen ta Yarmouth. We sometimes got aff at ten o'clock ida morning an we didna get ita Yarmouth fir da neest morning, twal o'clock, so dat wis about twinty-fower oors. Every curer hed der ane carriage at wis reserved. 'Reserved for Bloomfields', written on da window. Da idder curers hed der things written up. It wis aa reserved fir der ane people.

---

* She sometimes worked for the J. & M. Shearer or Joe Mare curing yards in March and April.

1. Clementina Leask, c. 1925, Lerwick.

2. From left: Betty, Jimmy and Christina Leask, c. 1923, Lerwick.

3. Christina Leask (on the back) and Mary Ellen Gatt, c. 1930s, Lerwick.

4. Laundry staff at the Naval Hospital, Newmacher, Aberdeenshire, c. 1941. Christina Leask, bottom row, second left.

5. *North end of Lerwick from Staney Hill, c. 1900s. Fleet Street is nearest.*
© *Shetland Museum*

6. *A North Ness herring station, Lerwick, c. 1890.* © *Shetland Museum*

7. *Herring workers, Scalloway, Shetland, c. 1930s.*
   Photo by C. J. Williamson © W. Smith

8. *A. Davidson & Co. station c. late 1930s. Stacks of new made barrels in foreground, farlins at right with gutting in progress.* © *Shetland Museum*

9. *Four Scotch gutters wearing oilskins move barrels with putters at the Anglo-Scottish station, c. 1920s.* © *Shetland Museum*

10. *Herring Gutters, Lerwick, c. 1940s.* *Courtesy of Norman Hudson*

11. A long line of gutters at heaped fartlins at J. & M. Shearer's herring curing station, Lerwick, in the late 1950s.
Courtesy of M. M. Shearer

12. J. & M. Shearer's herring curing station, Lerwick, c. late 1950s. Courtesy of M. M. Shearer.

13. J. & M. Shearer's herring curing station, Lerwick, c. late 1950s.
Courtesy of M. M. Shearer

14. Topping up the barrels at J. & M. Shearer's herring curing station, Lerwick, c. late 1950s.

Courtesy of M. M. Shearer

15. A Shetland Herring Worker.
Photo by J. D. Ratter,
courtesy of Norman Hudson

16. Women salting herring in
Lerwick. Photo by R. Williamson,
courtesy of Norman Hudson

17. Industrious Fisher Girls at Lerwick. Even in their free time the women were seldom idle. Photo by C. J. Duncan, courtesy of Norman Hudson

18. Scottish Drifters hurrying into Yarmouth, c. 1930s.

© Brian Ollington Photographers, Norfolk

19. Betty Leask on the right, c. 1930s, Scarborough.

20. Christina Leask (second left) c. 1930s kippering in Yarmouth or Plymouth.

21. Yarmouth Bloomfields Yard, c. 1938. Christina Leask is second row from front, fourth from the right.

22. Scots fishergirls at work in the gutting sheds of the Yarmouth curing yards, c. 1950s. *Courtesy of Eastern Daily Press*

23. "Whan dey wir nae herring in dan wi wid sit on da swills an knit." Yarmouth, c. 1950s. *Courtesy of Eastern Daily Press*

A Shetland Herring Girl's Story

We hed some fun. We wir pör but we had some fun. We wid carry a portable gramophone wi wiz, wi a few records in. Whan we travelled we hed ta change trains, an we hed ta stop at da stations, at March öswally, afore we cam ita Yarmouth. Sometimes we hed ta stop dere for a couple a oors, an we pat da gramophone on an danced wi da porters. Dey wir alwyes porters on da stations. We wid sing a lock. You could buy a sang sheet for tuppence dan, wi aa da sangs written on it. We broucht some sandwiches wi wiz, but we stopped at stations, an dey wir a woman at cam round wi a trolley wi tae an sandwiches. We öswally just boucht da tae. We only paid tuppence for a cup of tae.

As we wir coming inta Yarmouth we hed ta catch da mylk train at fower or five ida morning. It stopped at every station. So, it took wiz oors fae maybe five o'clock ida morning fir twal, afore we got ita Yarmouth. Da trains wis absolutely filthy. Whan you banged on da seat da dust flew up. Da trains wir so slow coming ita Yarmouth. We could shout ta a man ida field, if dey wir a farmer, an ax him whit time it wis, an he could answer back!

Afore da fishing started, afore May in April in Lerwick, whan da big boats cam in wi da saat an barrels, we wid work dem. Dat wis da stock boats. Dey wir stocked up wi dis barrels an saat. Dey wir just about eight or ten, maybe twal women at worked da stock boats. We could look oot fae wir window because we lived abön da harbour morroless. Whit we called da Docks. We could see da boats an whaar dey wir gyaan, whit station dey wir gyaan ta.

Dey wir locks an locks a curers dere. Aabody hed der ane stage. It wis a wooden stage jutting oot ita da harbour, whaar da boats wid come an deliver der herring. We wid follow dis boats. We wid geng wi da stevedores. Sometimes we hed ta geng ida stevedores lanch if it wis tö far oot, an we couldna walk because we hed ta walk a göd distance, twartree miles ta tidder curers. Dey wir curers right around da harbour. Da boats wid geng fae wan station to anidder. It depended on da orders a da saat. Dey filt up so many barrels ta dis curer, an dan dey moved on ta anidder curer an filt up so many barrels for dem. Every curer hed der ane barrels.

Da stevedores gied ita holds an pat da barrels oot. We hed ta rowl dem up an da coopers stacked dem up, stacked dem tree or fower deep aa together in rows. We just rowled dem up wi putters. Dat wis laek, it hed a wooden handle an a sharp point, an you just pushed da barrels up wi dat. Da sam wi a barrel a saat. Dey wir twa women ta a barrel a saat. Twa o you wi dis putters.

Every station hed lines laek railway lines on a bogie. Da only thing at cam on da bogies wis da fishermen's herring. Onybody at hed a stage da drifters landed dere at da stage. But whaar we worked dey could come right up ta da farlins. Da boats cam right up ta near wir farlins, an landed da baskets on da edge a da pier near da farlins, an just dumped it in.

In a World a Wir Ane

We only got fower pence an oor first, working da stock boats, an dan we gied on strike for six pence. We gied on strike whan da stock boats cam in. Wir boss called wiz da Bolsheviks, an aa da names he could lay his hands on. We worked wi Bloomfields aa da time. Dey called wiz aathing, but we got it just da sam. Dey hed ta pay wiz wir tuppence because we stuck together. It wis early ida twinties somewye. Dat wis Lerwick. We didna hae ta dö da stock boats in Yarmouth, because dey hed lorries an dat for at purpose, an dey hed da lorries for da herring.

Wir yard at we worked at, because we worked at da sam place every year for Bloomfields, da gutters wis under a röf, but da packers wis ootside at da back. Wir farlin wis just wan thing wi wooden windows, laek shutters. Dey took up da shutters, fastened dem up, an dey dan dumped da herring ita da farlins. Dey wir electric lighting on a string, da sammas dey hae laek bulbs in a Christmas tree, electric bulbs strewn alang da top a da farlins. Aa da lasses wis wan big row o girls, at wis aa wan stream.

Every tree girls hed five tubs at dey selected da herring ita. Well, dey wir twa girls an wan packer, so you hed five tubs for twa o you. Dey wir twa different selections a herring, really tree. Dey wir peerie, medium an big. Da coopers wid come round wi a measuring stick an measure da size a da herring in your tub. If it wis aa right dan he wid just pass it on. But as we hed worked so lang we just ken whit herring ta pit in whit tub. You didna even look, you just threw it oot fast as you could efter you gutted dem.

So, whan you got your tubs full you called on your packer an da tree o you hed to carry dis tubs, wan ida middle an wan at each side. Da tubs hed wooden handles. You tipped it ita da packer's box. Dan she packed it ita da barrels. Whan she packed da first row she'd ta call a cooper ta see it if wis packed tight enough for da boddam a da barrel, an he sorted it oot if it wisna tight enough. Onywye, efter dat, she hed ta pack dem alternatively, wan row wan wye an wan row tidder wye. Every time she packed a row she'd ta pit on a scoop a saat. Sometimes you hed a half-barrel ta fill. If onybody pat in an order for a half-barrel a herrring dan you did dat. But it wisna very aften. It wis alwyes big barrels. Aabody hed da sam size barrels. Dey held a thousand herring, a cran a herring.

Whan you did a row a barrels dan da coopers moved dem oot an pat anidder barrel in. When you filt a barrel, if you hed two barrels in a row or tree barrels in a row, dat wis your barrels. Your number wis on it, ean, twa, tree an so forth. Whan you filt your tree barrels, or twa barrels, you called a cooper, an he pat in anidder barrel, an so on.

Efter you hed finished your lock a herring you hed ta wash oot da tubs, da boxes. Aathing you worked wi, you hed to hose dem doon. Dey wir a great, big tub a water dere at da yard, whaar da girls wid geng round an wash da

A Shetland Herring Girl's Story

front a der oilies wi a cloth or onything. We hed ta tak da water an wash aa da tubs an aathing wi buckets a water, an wash wir tubs oot, an pile dem up, tree, twa an wan, at da back whaar we worked.

If we made ony money we hed to be quick at gutting an packing because we only got tree shillings for a barrel o a thousand herring. Dat wis wan shilling each. Dat hed ta keep fir da end a da year. We got fifteen shillings a week wages.* We hed to pay da landlady, I think it wis, seevin shillings or seevin an six, a half a wir money. Tidder half hed to geng for wir food. Which wisna much. At da end a da year you got your money fir your barrels at you made. Every crew hed der barrels numbered. So, da more barrels you hed da more money you got at da end a da year ta divide it up in tree. If you didna hae enough barrels you got less money. So, da quicker you worked da better it wis for you. It wis piece-work really.

We hed ta be up at five o'clock ida morning ta catch da lorry ta geng doon at six o'clock ida morning. We worked fae six to six wan nicht an six to nine tidder nicht. Dat is if dey wir a lock a herring in. We sung whan we wir on da lorries gyaan backwards an forwards. But we didna hae time ta sing whan we wir working because we hed ta work fast. Sometimes we did sing in Shetland, but we never sung whan we whaar in Yarmouth. Whan we wir in Lerwick, laek, we did sing as we wir staanding dere gutting. But in Yarmouth we didna hae time for dat.

If dey wirna much herring in we got a job to clean da offices, or something laek dat. We wid walk up an doon da river, an dey wir taestalls. We wid geng in dere if we hed nae herring an get a cup a tae. But we never hed ony money. We hed ta get somebody ta get wiz a cup a tae. Sometimes, we hed ta beg da stamps whan we wrote hame. We wrote hame every week, an sometimes we didna hae a penny halfpenny for a stamp.

If dey wirna much herring dan da kipperers boucht dem, because da curers needed a lock a herring. Fower baskets a herring wis called a cran. If dey wir only wan or twa crans da curers didna buy dat, because it wisna worth it. It gied ta da kippering or red herring, ta Suttons for red herring. An if dey didna hae a lock da freshers boucht dem.

If dey wirna ony herring ida morning you hed ta geng ita da yard onywye an fill up. Fill up whit you hed dön da day afore, or twinty-fower oors da day afore. Da barrels hed ta staand up on end for fowerty-eight oors. Efter dat da herring sink doon ita da brine. If you hed nae herring ta gut an pack you hed ta fill up da barrels because dey hed sunk doon. We hed ta fill dem up oot a idder barrels. If dey wir a dry barrel at hed bön leaking dan dey dumped dat ita a big tub, an we lifted dat ita peerie tubs, took it ta wir barrels an filt up

---

* Each girl earned a basic weekly wage plus commission per barrel of herring cured.

In a World a Wir Ane

laek dat. Da coopers dan pat da lids on an rowled dem on der sides. Dey hed a bunghole ida side a da barrel. Dey hed ta rowl dem on der sides ta keep da bunghole up. We got fower pence an oor for dat ida summer. We got six pence an oor in Yarmouth for dat. Dat wis besides wir barrel money. Whan dey wirna ony herring we just walked up an doon da river fir tree or fower ida efternoon. Dan efter dat we ken dey widna be coming in dat day, an we could geng hame.

We alwyes hed wir makkin wi wiz. But we couldna tak aa da colours. We wid knit da fishermen's ganseys. Dat wis navy-blue. Whan dey wir nae herring in dan we wid sit on da swills an knit. Or if we got a day aff we just sat an knitted.

In Lerwick, because it wis da summertime, we hed ta finish da herring. It hed ta be finished because a da hot wadder. Da sun wis everso hot whan it wis a nice summer. My arms wis aa blistered. We hed ta work ootside at filling up da herrring ida barrels. So we stayed dere fir wan or twa ida morning. Dey wirna ony lights. But fae July an August its never dark so we didna need ony. Whan we worked late an finished da herring, gutting an packing, dan da neest morning we maybe gied oot fae nine o'clock or dat.

If it rained, da more it rained, da more herring dey catched. Wan summer whan we wir working at da fishing dat rained da hale time. We wid tak aff wir rubber böts, wring wir seaboot stockings oot, an pit dem on again. We wir wet right trowe an trowe. We never catched a cold. But dey said dat wis da phosphorus ida herring. If it wis pitch dark an you looked at da derring dey aa shined, laek luminous. Dat wis supposed a be da phosphorus. Da herring glowed ida dark. Dat's why dey said we didna hae only cowlds whan we worked ida fishing, though we wir soaking sometimes right ta da skin. An dat sam summer, whan it rained aa da summer we couldna get wir claes dry. We hed ta hang dem indoors. An sometimes, if dey wirna dry we just hed ta pit dem on again. Dey wir an aafil lock a herring dat year because da rain seemed ta tak da herring ta da top, or something. I dönna ken. But dey wir such a lock a herring in Lerwick dat year.

When we wir in Yarmouth we hed dat 'black frost'. Whan we gied oot da lapels a wir coats wis frozen stiff. Öswally at da end a da year, afore we finished we hed to fill up da barrels. Sometimes, da ice wis on da top a da barrels an we hed to staand wi wir hands ida barrels ta get wir hands ösed ta da cold. Da tears wir streaming doon wir faces fir we got ösed ta da cold in wir hands. Once da barrels wir aa filt up dan we hed ta geng hame. We gied doon ta da office an collected wir money at we hed at da end a da year.

At da end a da year da Russians cam ta buy da herring. Dey gied along da rows a barrels an picked oot certain wans. Wan hed ta be turned up wan wye an tidder ean hed ta be turned up tidder wye. Dey wid pit der hand ita da barrel an pick oot a da herring oot a da middle. If dey wir ony guts left ida

A Shetland Herring Girl's Story

herring dat barrel wis disqualified. Dan we hed ta geng efter dis Russian men an repack da barrels. We hed ta mak a pattern on da top a da barrel laek diamonds. We squeezed da herring belly ta mak a diamond shape, so whan dey lifted da lid it wis aa diamonds.

Dey wir ever such a lock of fishergirls. About a thousand I suppose. Aa da fishergirls ken wan anidder really, because dey just lived among demsels. Dey cam fae da islands, fae Barra or Uist, da west islands, an aa Scotland, an aa da different peerie places. We aa got on together because we just lived in a world a wir ane. Dey wirna many Yarmouth people at did da job. Dey worked more ida canning factory whaar dey canned da herring, an made da red herring in Sutton's factory. Dat's whaar most a da local women worked. Dey wir a few o dem gied ta da gutting, but no a lock.

Dey wir never ony Scotch men gutters or packers. Da Irish men wis gutters an packers. Dey wir twa crews: six men. I suppose dey couldna get ony work in Ireland so dey cam owre wi a curer. But da Irishmen wir handy ta lift da barrels wi da coopers an help da coopers. Dey never mixed wi onybody. Dey wir on der ane. I suppose dey wir Catholics. Whan da claes wir rationed efter da War, dey never spent ders. Dey sowld dem ta fock.

Da fisherfock alwyes mixed among demsels. Only whan you wanted ta geng ta a dance or onything you hed ta geng an get somebody ta treat you, whether dey wir English or Scotch or whitever. As lang as we got ida dance hall for six pence we didna worry.

Some o da fishergirls wir young. Some o dem wir owld. Some o dem wir owre sixty, an some o dem wir nearly seevinty, I suppose. Some o dem wha cam fae da islands, fae Harris, dey wir pretty owld. Dey followed da fishing, but ida wintertime, a course, dey aa hed crofts ta work. Dey wir farmfock, an ida summertime dey cam ta da fishing. Most o dem wir single. Dey wir aa owld maids, morroless. Dey wir owld-fashioned fock, crofters. I dönna ken whit der men did. A lock o dem wir fishermen, fishermen an farmers. Dey wir farmer's daughters, an der wives sometimes.

Whan dey spak ta wiz dey spak in English. But whan dey spak among demsels dey spak Gaelic, an we didna understand dat. Dey wir a göd lock o Shetlanders dere. But da English fock couldna understand wiz. So dey said onywye. Dey still say dat about me yet!

Some o da girls hed men on da boats. Some o der husbands wir on da steam drifters. Dey wirna many Shetland boats dere, just a few Lerwick boats, because it wis a lang journey, twartreee days. Some nichts if dey wir a storm, onybody at hed men on da boats wid walk up an doon da river aa nicht waiting ta see if dey cam. If it wis rough some a da boats turned back an didna fish.

A few o da girls married locals, because dey married da fishermen, Yarmouth an Lowestoft fishermen. I met my husband on da riverside whan we

25

In a World a Wir Ane

wir walking up an doon waiting on da herring. He worked on da Fish Market. Freshers dey called dem dan. Dey packed da herring ita boxes an pat ice on dem. Dey headed up dis boxes, an dan dey pat dem on da lorries an took dem ta da railway station. Dat's whit he did.

Dey wir a lock o coopers. Da sam coopers cam year after year. Da firm hed dis coopers engaged. Some of dem ida wintertime made barrels. Dey wir aa owlder. Some o dem wir really owld. We alwyes got on well wi da coopers, never hed ony rows nor nothing laek dat.

Da coopers hed ta head up da barrels. Dey wir an iron girden at da top, an an iron girden at da boddam, an wooden girdens around da barrels. Every time you filt a barrel da coopers cam an headed it up. Dey took aff da iron girden, pat on da lid, an pat da iron girden back on.

Abön whaar we worked dey wir bothies. It wis da length a da yard. Dey hed aa different rooms, laek peerie cubicles. Da coopers lived abön da yard, so dey wir alwyes dere. Dey got der meals an aa up dere. Dey hed der ane cook wi dem, so dey didna hae to geng ta lodgings.

Johnny wis a cooper, but he didna travel. He made barrels in Lerwick. Dey wir a place dere at dey made da barrels, an da barrels hed ta be shipped on boats an pitten ta different places.*

It wis aa steam drifters dan. In Yarmouth dey wir a lock a men cam up on chance fae Scotland an different places ta get a job. Aa da steam drifters hed ta hae coal. Every time dey cam in da lorries cam doon wi da bags a coal an dis chaps got a job humping da coal onta da boats. Dey wir a plank a wood fae da side a da river onta da boats. Dey wid walk across dis plank wi a bag a coal on der back. Dey wir called coal humpers, an dey wir aa on chance, so dey didna hae much money. Sometimes dey didna live in digs. Up an doon da river wir baskets called swills. Dey wir piles a dem, an every curer hed a mark on dem. Dey wir loads a dem up an doon da Market in piles. Sometimes da coal humpers wid mak a space ida middle an sleep dere aa night.

We hed ta wear oilies: skirts wi a bib at da front. We aa hed oilskins wi hoods whan it wis raining if we wir ootside working at da back filling up da barrels. Whan we wir in Yarmouth we hed ta hae warm jumpers, maybe twartree jumpers on at a time. We wid knit wir ane, a course. We wore short skirts, an rubber böts, an lang thick stockings, an we micht wear a beret. We hed ta get dem fae Hay's. Dat wis da only place at we could get oilies or rubber böts or onything else. We got dem just oot a Hay's, an we hed to öse dem, aa year round. Da curer paid for dem.

---

* Barrels were made in Scottish ports from wood imported from abroad then shipped to different ports in Britain.

A Shetland Herring Girl's Story

Da curer supplied wiz wi aa dat, only dey didna supply da cloots. We took some fae hame, an we wid geng up ta King Street in Yarmouth ta a shop an buy unbleached cotton at wis only about six pence a yard. We boucht tree penny worth, half a yard, an thin crochet cotton, at wis only about tuppence.

We hed ta be up at five ida morning because we hed ta tie up wir fingers wi cloots, at wir really laek bandages. We hed ta tie up wir fingers, an tie da strings around ta keep da cloots on. Every finger hed to be tied up. Idderwise da saat wid come atween wir fingers an rub. Da forefinger wis da worst. We alwyes hed ta hae a thick wan on wir forefinger because dat's whaar da knife ösed ta cut da bandage. So, we öswally hed ta pit a new wan on every day. Only da packers just hed twa on. Dey didna hae aa der fingers rowled up, just twartree.

We often hed saat-sores. Dey wir a First Aid place on St. Peters Road in Yarmouth whaar aa da women wid geng wha hed sores.* Dey wir nurses dere at bandaged up wir hands. But we couldna stop working. We hed ta earn da money. If onybody wis aff ill or onything, you just worked da twa of you, but you didna dö as much. You hed ta keep working.

Aabody hed der ane knife. Dey hed a wheel at we could sharpen dem on. Whan we took aff wir cloots at night, we washed da rags oot an pat it round wir knife. You hed ta edder carry da knife wi you or hoid it somewhaar so somebody else didna tak it.

When we cam ita Beach or Vauxhall Station at Yarmouth dey wir alwyes somebody dere for onybody at wis looking for lodgings. Da horses an carts, laek gigs, sometimes dey cam ta da station ta pick wiz up. We hed a right laugh. Sometimes we gied wi dem, sometimes we just walked, an whan we gied ita da gigs we giggled aa da time.

We hed kists at we pat wir claes in. We pat wir working clothes in wan section an wir dress claes ida idder section. Da coopers wid come wi a lorry an collect wir kists fae da station. If you hed lodgings at you could geng ta dey took da kists dere for you, an if you didna hae lodgings dey took dem doon ta da workstation.

When you wir in digs you got in wi tree o you. Dey wir aa da sam price, morroless. You hed ta hae digs for tree or six. We öswally hed six. If just depended on da size a da boarding hoose. We slept tree in a bed. If dey wir six o you you hed twa beds in a bedroom. Dey wirna room ta swing a cat. So, we hed ta sit on kists, morroless, than chairs. Dey wir only a ewer an a basin ta wash wirsells in.

I suppose we smelt, though we didna smell it. Dey wid pick up der carpets an aathing whan da Scots girls cam. Efter dey hed da summer visitors dey wid

---

* Red Cross dressing station.

In a World a Wir Ane

pick up da carpets aff da flör an just pat doon owld mats or whitever. Dey wir alwyes herring scales.

Sometimes we stayed ida Squares doon da seafront laek, an once we stayed in Nelson Road wi a woman called Christmas. Da last few years we hed lovely lodgings on King Street wi a Mrs Brown, an we gied ta her year efter year. Wan year she couldna tak wiz in. Her daughter lived in wan a da rows so we got doon dere wi her. A lock o women got digs ida rows. Dey wir never ony lights ida rows. It wis aa dark. Still we got around.

We always struck lucky because dey alwyes made wir dinner an aa dat kind a things. Dan-a-days dey wir butcher boys an baker boys, an dey wid deliver. We ordered whit we wanted for wir dinner. We wid order wir groceries fae a grocer shop, da nearest wan ta wir digs. We paid so much every week, but if we couldna pay da hale lock wan week dan we hed ta leave dat fir da end a da year, an pay dat oot a da money at we made, though it wisna lock because we hed ta share it oot. Der nae shops dere noo whaar we ösed ta be. It's aa blocks a flats.

We hed some girls live wi wiz wan year in lodgings, tree girls. Dey cam every year. Dey wir fae da islands, Harris an Barra. Dey wir farm people, an dey wid tak cheese. Dey wid tak a bit for wiz. Some years dey gae wiz a jar a curdy, laek cream cheese. An we wid tak some biscuits, hard tack biscuits, because we couldna get onything in Yarmouth laek dat.

At seevin or six o'clock every morning dey wid be boys at cam round wi rolls. Dey wid shout, ' 'ot rolls, 'ot rolls.' We didna ken whit it wis at first. Dan we wid geng oot an buy some. Dey wir only a halfpenny or a penny, dan-a-days. Dat wis wir breakfast.

Whan we gied for wir dinner a lorry took wiz hame ta wir lodgings. Wir lorries hed iron things fixed up da sides, railings laek, an we just stöd on da lorries an dey drave wiz ta wir lodgings. We hed just an oor maybe, or less dan dat, for wir meal because we hed ta catch da lorry gyaan back. We hed stew or mince, soup sometimes. But if dey wir a lock a herring in we hed ta work.

Da people in Yarmouth wid come doon ta da riverside because dey wir alwyes herring lying on da quay. Dey could pick dem up an tak dem hame. A lock o da people cam doon, owld men. Dey wir aa free. Picked up onything you wanted. As many as you wanted at wis lying on da quay, an dey wir plenty. We selected wirs' fae da firms'. We alwyes picked da best, because we ken that herring wis. Dat's whit we did hae at supper-time.

Once we took hame some saat-herring at dinner-time an left dem ootside ta hae dem for wir supper. Whan we cam home da landlady hed fried dem, fried da saat-heering. We didna laek ta tell her dat wis saat herring, because she didna ken da difference. We didna hae ony supper dat night, because we couldna aet da saat-herring fried.

A Shetland Herring Girl's Story

We never worked on Saturday nichts because dat wis da nicht we gied ta da dance. We never gied trowe da week because we wir tö tired ta geng oot. We did geng ta da Brittania pier some Saturday nights an Goods Hotel: Goodies. I dönna ken if its dere still. Dat wis on da seafront. We öswally hed ta geng oot an get somebody ta tak wiz ta da dance, though it wis only six pence.

Dey wir nae baths nor nothing ida boarding hooses. We just hed a ewer an a basin a water ta wash wirsells. Dat wis aa we hed dan-a-days. Dey wir public baths but we never hed time ta geng dere. Onywye, we wid geng oot an we wid be picking da scales aff a wir arms as we gied alang, an wi da heat a da ballroom da chaps smelt da herring in wir hair. It didna matter how much time we washed wir hair, it alwyes smelt, though we did wear turbans or berets whan we worked.

Da pubs wis aa open. Aa da fishermen wid gadder ootside da White Lion, at wis at da top a St. Peters Road in Yarmouth. Dat wis da nearest pub uptoon. Dey aa wid say, 'O, da White Lion is black,' because aa da fishermen wis wint ta staand ooside. Dey wir aa pubs alang da riverside. Wan called da Fisherman's Arms, an da fishermen wid gadder dere because dat wisna far fae der boats.

We wirna supposed ta drink, because Shetland wis a dry place. Nae pubs. Dey wir licensed grocers, a course, but nae pubs fir efter da War. Da women didna drink. If dey drank dey wir looked on as horrible. Whan we wir in Yarmouth we wid geng in sometimes an get somebody ta treat wiz, just ta a port an lemon. Dat wis aa we drank. We never hed a lock. We wirna supposed ta be in a pub at aa. If onybody towld wir faiders an midders we wir in a pub we got a göd hoiding whan we got hame. But naebody towld because aabody wis ida sam boat.

On Sunday aa da Scotsmen an da women gied ta da kirk, öswally da Baptist or da Congregational. No Catholic because dey wir aa Protestants. We never gied dere every Sunday because sometimes we wir so tired we just lay in wir bed half da day an got up ida efternoon an gied oot for a walk. We hed ta dö wir washing ida morning an hang it oot on da line. Dey wir nae washing machines in dat day, we just hed ta wash it ootside ida bath ida back yard. We hed ta laeve wir oilies an aa dat owre da weekend at wir firm, at wir station at we worked in. But trowe da week we took aff wir oilies at da back door an wir böts an walked ita wir digs for wir meals. But we left wir oilies owre nicht.

Da English fishermen gied oot on a Sunday ta fish but da Scotsmen didna geng oot. Dey didna believe in gyaan oot on Sunday because dat wis a religious day. Dey wirna an aafil lock a herring on Mondays, so Monday wis wir leisure day, morroless, because we just hed ta fill up dat day.

In a World a Wir Ane

Wan year we cam ta Yarmouth whan da races was on. We gied once, dat wis aa. We wir right stupid in dem days. Whan da race wis running we leaned owre ta look at da horses. Whan dey run passed wiz da gutter cam aa owre wir dresses. It wis a right laugh.

At da end a da season we hed every Saturday efternoon aff. We could geng ta Woolworths in Yarmouth, whaar da British Home Stores is noo, an aathing in it wis tree pence or six pence. Dey wir a bazaar doon whaar Bretts furniture shop is noo, called Peacocks Bazaar. Aathing in dere wis edder six pence, tree pence or tuppence. Things wisna dear because we hed nae money.

We could geng doon ta da warehooses, doon aside da river, doon Howard Street, an dey sowld things halesale. You could get a big jar a toffees or broken rock for wan an six pence. We did tak dem hame, an sticks a rock, for presents, morroless. We couldna afford much else, because we hed ta tak some hame ta guide wiz trowe da winter, though it wisna much.

Dey wir plenty a claes shops an shön shops in Yarmouth. I wanted a pair a shön an wan a dem wis ida window. Fower I took. Dat wis da only size dey hed, a fower. I gied in dere an I said, 'Can I hae dem shön?' Dey wir five an eleeven pence or fower an eleeven pence: five shillings dan-a-days for a pair a shön. I tried on da wan shoe an I said, 'Well, tidder ean's in da window, can I hae dat?' She says, 'No, you can't have that til we change the window'. She widna gie me it oot a da window. She said is wis for show, so she widna. I hed to wait for a week or twa fir dey changed da window.

My birthday wis in October whan I wis in Yarmouth. We never celebrated birthdays dan-a-days. Never hed only birthday celebrations nor nothing laek dat, no even a birthday card. Naebody took ony notice o your birthday.

We were in Yarmouth whan da Prince o Wales opened da brig.* He cam ita wir yard. We wir working ida herring. We just hed ta work da sammas öswal. We wir working aa da time, because dey wir herring dere ta be dön. We couldna wait for him, because we'd ta get on wi wir work, or we widna hed ony money. He cam trowe an da photographers cam in owre wir heads an ita da herring boxes. Dey wir running trowe here an running trowe dere. Whit a mess dey made a da herring. Dey chased him aa owre da place. We saa him but we didna meet him because de didna spaek ta onybody. He just walked trowe. He looked bleary-eyed, laek sammas he'd bön drinking aa night. We hed ta laugh because wan gate wis decorated wi flags an aa dat. Instead a coming oot dat gate he gied oot da gate at wisna decorated.

Wan year we gied on strike. We got fifteen an six shillings a week, an aabody gied on strike ta get anidder half-a-crown onta wir wages. In Yarmouth dey wir dis tree big women, an dey gied round aa da yards, aa da fishing yards,

---

* Haven Bridge was opened by the Prince of Wales on 21st October, 1930.

A Shetland Herring Girl's Story

an took oot aa da women. Göd help dem at didna come oot. Dey wir nae black legs in dem days. Naebody dared geng back ta work, because dey wid be mauled.* We wir frightened o dem because dey wir huge. Dey took aabody oot on strike. We didna work wi dem. Dey worked for big Slater. Dat wis anidder Bloomfields. Dey hed different names but dey aa cam under Bloomfields or Leverhulme it wis.

Da strike only lasted tree days. We just walked up an doon da river at Yarmouth. Dan, ida end da curers hed ta gie in because dey wir so much herring. We got half-a-crown, so dat brought wiz up ta seeventeen shillings. But we needna bothered because da landlady pat up wir rent a shilling, so whit we got wis only wan an six pense ida end.

We worked right up fir '39, dan da War started an we hed ta finish. Aabody gied hame, but naebody wis allowed ta be idle. If dey offered you a job you hed ta tak it.

I worked ida Naval Hospital in Newmachar in Aberdeenshire. We left Yarmouth whan da War broke out. We didna geng hame, me an Betty. We gied ta Aberdeen an we got a job ida Wrens ida laundry in dis Naval Hospital. It wis an asylum, but dey changed it ita a Naval Hospital.

During da War we hed ta knit stockings. Dey axed wiz da first year a da War. Dey cam wi a lock a oo an axed da nurses an dat. Thick oo it wis. Dey wanted about a dozen pairs. Dey gied da nurses some oo an wiz some oo. But we wir da only eans at could knit fast an turn a heel.

Efter da War I worked for a little while at Suttons in Yarmouth. Dat wis '49, da year efter I married. I worked dere for a few oors a day. I wid geng dere ida morning canning herring. I could pack dem quite quick.

Every morning I gied in dere it wis a horrible smell. Whan dey pat da tins trowe, efter you put da herrings in, dey put a spoon a sauce on. Dey wir mustard sauce, tomato sauce, and vinegar, aa da different smells a sauces. Dat made me sick. I wid say, 'My Göd! What a smell!' But dan, efter you gied in dere you got ösed ta da smell.

Dey wir a few gutters here in Yarmouth dan, but efter dat it fell aff. I think it must hae been about tree years efter dat when dey stopped fishing, '51 or '52. I did see a few o da girls. I didna geng ta da gutting dan. I just did odd jobs. I gied ta da Erie Resistor an worked evenings ida factory.** I said ta da man,

---

* Contemporary newspaper reports write of women who tried to work being 'slapped' on their backs. Herring were also thrown, and in one yard strikebreakers had to barricade themselves in. Despite this strikes were more usually peaceful, good humoured affairs.

** Electronic components factory.

31

In a World a Wir Ane

Is dis aa you dö?' He said, 'Yes'. I couldna believe it. I never got so much money as I did whan I gied ta Erie Resistor. I couldna believe it, because I hed worked so hard aa my life for so little money.

Glossary

bannock	unleavened round loaf
bucky	a whelk
cloots	protective bandages tied round fingers with cotton
cran	37 1/2 imperial gallons of approximately 1000 herring
curly-dodies	wild orchids
farlin	a wooden trough from which herring was gutted
freshers	men who packed fresh herring into boxes with ice and salt
girden	a child's hoop
guizer	man dressed-up for Up-Helly-A'
kirn	a churn
kishie	straw basket carried on back for carrying peats
kist	wooden box for carrying clothes and belongings, typically 3 ft long by 1.5 ft width and depth
makkin belt	Shetland term for leather knitting belt with stuffed horse-hair pad to steady needles
peck	8 quarts or 2 gallons of dry goods
putter	wooden pole with metal point for pushing barrels
raggy-willies	ragged robins
rows	narrow alleys found in Gt. Yarmouth dating from medieval times
sheath	Scottish term for leather knitting belt
skorie	juvenile gull
swills	wicker baskets peculiar to Gt Yarmouth for carrying herring from Fish Market to farlin

BIBLIOGRAPHY

Anson, Peter F., *Fishing Boats and Fisher Folk on the East Coast of Scotland*, J.M. Dent and Sons Ltd., London, 1971 edn. (1st edn. 1930).

Anson, Peter F., *Fishermen and Fishing ways*, George G. Harrap & Company Ltd., London, 1932.

Anson, Peter F., *Scots Fisherfolk*, Banffshire Journal Ltd., 1950

Bochel, Margaret, *"Dear Gremista" : The Story of Nairn Fisher Girls at the Gutting*, National Museum of Antiquities of Scotland, Edinburgh, for Nairn Fishertown Museum, 1979.

De Caux, J.W., *The Herring and the Herring Fishery*, Hamilton, Adams, and Co., London, 1881.

Cutting, Charles, *Fish Saving : A History of Fish Processing from Ancient to Modern Times*, Leonard Hill Ltd., London, 1955.

Dyson, John, *Business in Great Waters : The Story of British Fishermen*, Angus & Robertson, 1977.

Fischer, Lewis R., Hamre, Harald, Holm, Paul, & Bruijn, Jaap R., ed., *The North Sea : Twelve Essays on Social History of Maritime Labour*, Stavanger Maritime Museum / The Association of North Sea Societies, Stavangar, Norway, 1992.

Graham, Michael, *The Fish Gate*, Faber and Faber Ltd., London, 1943.

Graham, Michael, *Sea Fisheries : their investigation in the United Kingdom*, Edward Arnold Ltd., London, 1956.

Hodgson, W.C., *The Herring and its Fishery*, Routledge & Kegan Paul, London, 1957.

Jenkins, James, Travis, *The Herring and the Herring Fisheries*, P.S. King & Son Ltd., London, 1927.

Linklater, Eric, *Orkney & Shetland*, 4th edn. Rev., Robert Hale Ltd., London, 1984.

Lummis, Trevor, *Occupation & Society : The East Anglian Fishermen 1880-1914*, Cambridge University Press, 1985.

Nall, John, Greaves, *Great Yarmouth and Lowestoft : A Handbook for Visitors and Residents*, Longmans, Green, Reader & Dyer, London, 1866.

Samuel, Arthur, Michael, *The Herring ; Its Effects on the History of Britain*, John Murray, London, 1918.

Stacy-Watson, C., *The Silvery Hosts of the North Sea*, "Home Words" Publishing Office, London, 1883.

Thompson, Paul, Wailey, Tony, Lummis, Trevor, ed., *Living the Fishing*, Routledge & Kegan Paul, London, 1983.